L'ÉGLISE RÉFORMÉE

DE PARIS

DE LA RÉVOCATION A LA RÉVOLUTION

(1685-1789)

par

ARMAND LODS

DOCTEUR EN DROIT

« L'homme qui croit de bonne foi les engage
» encore sont plus de fermeté, lorsqu'on
» veut le forcer de changer de croyance, sans
» le convaincre. »

TURGOT, le Conciliateur (1754).

PARIS
LIBRAIRIE FISCHBACHER

L'ÉGLISE RÉFORMÉE

DE PARIS

DE LA RÉVOCATION A LA RÉVOLUTION

(1685-1787)

DU MÊME AUTEUR

DE LA VENTE A RÉMÉRÉ, précédée d'une étude sur la *Lex commissoria*. 1879.
In-8. Paris, Thorin.. 4 fr.

DES CAUSES DE RESCISION DE L'ACCEPTATION DES SUCCESSIONS. 1878. In-8. Paris,
Thorin... 1 fr.

DU PARTAGE PROVISIONNEL. 1880. In-8. Paris, Thorin..................... 1 fr.

DES SOUTIENS DE FAMILLE. 1882. In-8. Paris, Thorin.................... 1 fr.

ÉTUDE JURIDIQUE SUR LA RÉORGANISATION ADMINISTRATIVE DE L'ÉGLISE DE LA
CONFESSION D'AUGSBOURG. 1884. In-8. Paris, Fischbacher (*épuisé*).

DES RAPPORTS DES FABRIQUES ET DES CONSEILS PRESBYTÉRAUX AVEC LES COM-
MUNES D'APRÈS LA LOI DU 5 AVRIL 1884. 1885. In-8. Paris, Thorin.... 1 fr.

DES DONS ET LEGS EN FAVEUR DES CONSEILS PRESBYTÉRAUX ET DES CONSISTOIRES.
1885. In-8. Paris, Fischbacher.. 1 fr.

DE LA CONSÉCRATION AU MINISTÈRE ÉVANGÉLIQUE. Étude critique de la circulaire
du 25 mai 1885. 1885. In-8. Paris, Grassart......................... 0 fr. 75

ÉTUDE SUR L'ORGANISATION DE L'ÉGLISE RÉFORMÉE. 1886. In-8. Paris, Grassart... 0 fr. 75

LES PRESBYTÈRES ET L'INDEMNITÉ DE LOGEMENT DUE AUX PASTEURS. 1887. In-8.
Paris, Fischbacher.. 0 fr. 75

LES PARTISANS ET LES ADVERSAIRES DE L'ÉDIT DE TOLÉRANCE (1750-1789). 1887.
In-8. Paris, Fischbacher.. 1 fr. 50

LA LÉGISLATION DES CULTES PROTESTANTS (1787-1887), avec une préface par
E. de Pressensé, sénateur. 1887. In-8. Paris, Grassart.............. 5 fr.

LE MARIAGE DES PRÊTRES DEVANT LA LOI CIVILE. 1888. In-8. Paris, Fischbacher... 1 fr.

DU DROIT ÉLECTORAL DANS LES ÉGLISES PROTESTANTES (1852-1884). Étude suivie
de la jurisprudence et des circulaires ministérielles relatives aux élections.
1888. In-8. Paris, Grassart... 1 fr. 50

LE DROIT DES PAUVRES PERÇU A L'ENTRÉE DES THÉÂTRES. 1889. Paris, Thorin. 1 fr.

UN CHAPITRE DE L'HISTOIRE DE LA CARICATURE POLITIQUE EN FRANCE. André Gill,
sa vie, son œuvre. 1887. In-12, avec planches. Paris, Vanier...... 3 fr. 50

UN CONVENTIONNEL EN MISSION. *Bernard de Saintes et la réunion de la princi-
pauté de Montbéliard à la France*, d'après des documents originaux et inédits,
avec un portrait de Bernard, par Louis David. 1888. In-8. Paris, Fischbacher... 6 fr.

Sous presse :

L'ÉGLISE RÉFORMÉE DE PARIS PENDANT LA RÉVOLUTION, d'après des documents
originaux et inédits, avec un portrait du pasteur Marron et une vue de l'é-
glise Saint-Louis du Louvre.

EN PRÉPARATION POUR PARAITRE EN 1890 :

RABAUT DE SAINT-ÉTIENNE

Imprimeries réunies, B, rue Mignon, 2.

CENTENAIRE DU PREMIER EXERCICE PUBLIC DU CULTE PROTESTANT

A PARIS

(7 Juin 1789 — 7 Juin 1889)

L'ÉGLISE RÉFORMÉE

DE PARIS

DE LA RÉVOCATION A LA RÉVOLUTION

(1685-1789)

PAR

ARMAND LODS

DOCTEUR EN DROIT

> « L'homme qui croit de bonne foi croit
> « encore avec plus de fermeté, lorsqu'on
> « veut le forcer de changer de croyance, sans
> « le convaincre. »
>
> TURGOT, le Conciliateur (1754).

PARIS

LIBRAIRIE FISCHBACHER

(SOCIÉTÉ ANONYME)

33, RUE DE SEINE, 33

—

1889

L'ÉGLISE RÉFORMÉE

DE PARIS

DE LA RÉVOCATION A LA RÉVOLUTION

(1685-1789)

Messieurs[1],

Il y a aujourd'hui un siècle, les protestants célébraient pour la première fois un culte public à Paris. La Société de l'Histoire du Protestantisme français a voulu fêter cet anniversaire; elle a pensé qu'il serait intéressant d'esquisser à grands traits le tableau des luttes et des souffrances que nos ancêtres durent soutenir et supporter pour jouir enfin de la plus précieuse des libertés : la liberté religieuse.

I

Vous le savez, Messieurs, même sous l'édit de Nantes, l'exercice public du culte n'était pas autorisé dans l'enceinte de Paris; on devait se rendre à Charenton pour entendre les prédications des Du Moulin, des Daillé et des Claude. Pour ménager les susceptibilités du clergé, plus ardent alors à défendre ses prérogatives

1. *Trente-sixième assemblée générale de la Société de l'Histoire du Protestantisme français au temple de l'Oratoire.* — Paris, 7 juin 1889. — Les membres du comité, M. le baron de Schickler, président; MM. E. Bersier, J. Bonnet, Bonet-Maury, comte Delaborde, O. Douen, F. Kuhn, F. Lichtenberger, W. Martin, Ch. Read, A. Viguié ont pris place sur l'estrade avec MM. les pasteurs Louis Vernes et N. Weiss. On remarquait dans l'assistance MM. le baron Bartholdi, Tharraud, E. Coquerel, F. Dumas, Jalabert, Labeille, Lelièvre, Édouard Lods, le père Hyacinthe Loyson, A. Matter, Ménégoz, C. et W. Monod, A. Paumier, F. Puaux, O. Prunier, Recolin, Weber.

et sa puissance qu'à enseigner la parole du Christ, Henri IV, en habile politique, avait interdit, par une disposition spéciale, « de faire aucun exercice de la Religion prétendue réformée en la ville de Paris, ni à cinq lieues autour d'icelle ».

Lorsque le roi permit d'établir à Charenton les services qui étaient célébrés à Ablon, certains catholiques se plaignirent de la violation de cet article de l'édit, faisant observer que Charenton était à deux lieues de Paris. Le spirituel Béarnais, sans s'arrêter à cette interprétation juridique, répondit en souriant : « Eh bien, soit ! On comptera désormais cinq lieues de Paris à Charenton. »

Ces cinq lieues ne parurent pas suffisantes à Louis XIV. Pour sauvegarder les intérêts de l'Église romaine, il prononça, par son infâme édit d'octobre 1685, l'interdiction formelle du culte protestant, ordonnant la démolition de tous les temples, décrétant la peine de mort contre les pasteurs qui se rendaient aux assemblées ou à « quelque exercice de religion autre que la catholique ».

Les protestants qui n'émigraient pas restaient privés d'état civil; leurs enfants étaient considérés comme bâtards, leurs mariages assimilés à un vulgaire concubinage; on leur enlevait jusqu'à leur nom, puisque, contrairement à la réalité des faits, cette législation barbare les qualifiait officiellement de *nouveaux convertis*.

Malgré tout, malgré les persécutions les plus atroces, nos ancêtres restèrent fidèles à leur foi. Dès le lendemain de la Révocation, des pasteurs accouraient pour prêcher, au péril de leur vie, le pur Évangile.

Au mois d'avril 1686, Seignelay écrit au lieutenant de police de faire tout ce qui sera possible pour découvrir « deux ministres que l'on dit être cachés à Paris[1] ». Cette fois, la police fut dépistée, puisque des assemblées se tinrent à son insu, d'abord dans une hôtellerie de la rue des Fossés-Monsieur-le-Prince, puis dans une cave du faubourg Saint-Germain. Les pasteurs étaient obligés de se travestir les uns en maçons, les autres en mousquetaires, avec de longues perruques et des justaucorps rouges.

Le pasteur Cardel quitte, en 1688, la Hollande où il s'était réfugié,

---

1. Édit du Roy sur la pacification des troubles du royaume, donné à Nantes au mois d'avril 1598, art. XIV.

2. O. Douen, *les Premiers Pasteurs du désert*, t. Ier, pages 127-129.

arrive à Paris où, trompant la surveillance du gouvernement, il
tient des assemblées, célèbre la cène et des mariages, visite les
malades, secourt les pauvres et obtient des nouveaux convertis la
rétractation des promesses qui leur avaient été extorquées par la force.
Cet apostolat durait depuis plusieurs mois, quand une femme,
séduite par l'appât des « mille livres » offertes à ceux qui faisaient
« prendre » les ministres rentrés en France, dénonça Cardel, le
conduisit dans la maison d'une malade, où la police du roi arrêta le
pasteur, les médecins et les parents de la malade. Tous furent en-
fermés à la Bastille[1].

Ainsi, Messieurs, la Bastille dont la chute inaugure une ère nou-
velle nous rappelle aussi, à nous protestants, bien des souffrances
endurées pour la plus sacrée de toutes les causes : celle de la
liberté de conscience.

Voulez-vous savoir comment nos coreligionnaires étaient traités
dans cette prison d'État? Écoutez ce récit d'un témoin oculaire :

J'entendais faire des cris épouvantables par un prisonnier qui était
dans la chambre au-dessous de nous. Comme le souffrant, dans les inter-
valles de sa douleur, faisait des prières très touchantes et chantait des
psaumes de l'ancienne version, je présumai que le malade était protestant. Pour m'en éclaircir et lui procurer quelque soulagement ou quelque
consolation, au risque d'aller au cachot, je fis un trou dans mon plancher
à côté de mon lit, justement sur celui du pauvre patient; j'appris qu'il
était ministre du Saint Évangile... J'ai vu exercer les dernières cruautés sur ce pauvre agonisant que Fontaine me dit être dans les dou-
leurs de la mort depuis plusieurs années. Comme il était abandonné du
médecin depuis longtemps... il n'y avait plus que le bourreau qui le
pansait... J'ai vu plusieurs fois, par le trou que j'avais fait, non sans ré-
pandre des larmes, et un jour je pensai demeurer évanoui sur le plancher
de ma chambre par l'excès de ma douleur, j'ai vu, dis-je, ce barbare dé-
pouiller de sa chemise tous les matins ce ministre outragé; elle était
collée avec le pus contre sa chair, car de peau il n'en avait plus en au-
cune partie de son corps. Après quoi il le frottait partout avec une ser-
pillière toute roide de pus et de sang, et en le frottant il lui faisait de
nouvelles plaies, en sorte que le sang ruisselait de tous côtés à ce lan-
goureux martyr, qui poussait des cris capables d'attendrir les tigres[2]. »

1. J. Douen, t. 1er, page 152.
2. Constantin de Renneville, l'Inquisition française, t. II, p. 267.

Détournons les regards de cet effroyable supplice et suivons la procédure introduite contre le pasteur Cardel. Il est interrogé et répond avec le plus grand sang-froid : « Il est venu en France pour obéir à Dieu, consoler ses frères, annoncer la parole du Christ, les exhorter à demeurer à son service; il est prêt à verser son sang pour glorifier Dieu. »

Louis XIV voulut éviter l'éclat d'un débat public devant le Châtelet de Paris. Cette juridiction se montrerait peut-être moins sévère vis-à-vis des protestants que les parlements de Grenoble et de Toulouse; si elle prononçait une condamnation légère, les pasteurs rentreraient en foule. D'un autre côté, à Paris, l'opinion publique eût protesté contre le supplice d'un pasteur dont tout le crime consistait à rester fidèle à son Dieu, et dans sa capitale le grand roi ne voulait pas donner aux huguenots la gloire du martyre. Sans jugement, en vertu de son autorité souveraine, Louis XIV décida que Cardel subirait une détention perpétuelle dans une prison d'État. Il l'envoya aux îles Sainte-Marguerite.

Cette arrestation stimula le zèle des autres ministres; une lettre écrite, en 1689, à Antoine Court, nous apprend « que Dieu a envoyé à Paris des pasteurs qui ont généreusement exposé leur vie pour annoncer l'Évangile. Ils ont prêché dans tous les quartiers. Les exercices ont été fort fréquents; on a même reçu à la profession de la Religion plusieurs anciens catholiques[1] ».

Dans un excellent ouvrage, un des membres de la Société de l'Histoire du protestantisme, M. Douen, nous a conservé les noms de ces héros et nous a retracé la vie de ces martyrs[2].

Ce sont les de Salve, les Giraud, les Givry, les de Malzac qui, de 1689 à 1693, accourent à Paris, s'efforçant de relever les courages. L'un après l'autre, ces ministres sont arrêtés et envoyés, comme Cardel, aux îles Sainte-Marguerite.

La mort eût été cent fois préférable aux tortures qu'infligeaient à ces pasteurs le fameux Saint-Mars, gouverneur de ces îles.

Toute communication, de vive voix ou par écrit, était interdite aux prisonniers. On ne mettait à leur disposition ni papier, ni plume, ni crayon, et comme plusieurs traçaient quelques mots

____

1. *Lettres du 15 mars 1689 à Antoine Court.* Douen, t. Ier, p. 185.
2. *Les Premiers Pasteurs du désert,* 1879, 2 volumes in-8.

d'espérance sur la vaisselle d'étain, le secrétaire d'État ordonna de la leur enlever et s'exprima ainsi : « A l'égard de ce qu'ils écrivent sur la vaisselle qu'on leur donne, il est aisé d'y remédier en leur en donnant de terre seulement[1]. »

Des ecclésiastiques visitent les prisonniers et s'efforcent d'obtenir des conversions; le gouverneur se montre tellement inhumain que Louis XIV, si inique cependant envers les protestants, lui fait adresser par Seignelay, en 1690, cette réprimande sévère : « Sa Majesté m'a ordonné de vous écrire qu'elle est fort étonnée que vous en ayez usé ainsi sans avoir d'ordre, et elle ne veut pas que vous leur fassiez à l'avenir de pareilles duretés[2] ».

Ces cruautés n'ébranlèrent pas la foi des prisonniers, mais les souffrances physiques furent tellement atroces que plusieurs perdirent la raison avant que leur âme délivrée fût entrée dans la paix du Seigneur.

II

La mort des protestants ne désarmait pas leurs persécuteurs, qui leur interdisaient toute sépulture honorable. Leurs anciens cimetières avaient été concédés à des communautés catholiques[3]; les édits ayant posé en principe qu'il n'existait plus en France de protestants, l'administration, par voie de conséquence, estima qu'il devenait inutile de leur conserver un lieu spécial de sépulture. Vous savez, Messieurs, combien cette fiction était contraire à la réalité des faits. Nous venons d'admirer le courage de ces pasteurs improvisant de petites réunions et préférant la déportation, la mort même à une lâche abjuration. Les protestants furent donc contraints d'enterrer leurs morts dans les champs; pendant la nuit, à la lueur des lanternes, comme s'il se fût agi d'une entreprise criminelle et honteuse, nos ancêtres dépo-

1. Lettre du 29 juin 1692. *Correspondance administrative sous le règne Louis XIV*, par Depping, t. IV.

2. *Correspondance administrative sous le règne de Louis XIV*, par Depping, t. IV, p. 412.

3. Voyez les savantes études de M. Charles Read sur les cimetières protestants de Paris. — *Bulletin*, XI, p. 357; XII, p. 20 à 141; XXXVI, p. 25, 87, 133, 202, 260, 269.

saient dans les jardins, aux environs de Paris, les restes de ceux qu'ils avaient le plus aimés.

Cette situation dura plusieurs années; après bien des démarches, le gouvernement désigna, en 1719, un vaste chantier « où désormais le lieutenant de police autoriserait que les cadavres des protestants seraient enterrés sans éclat ni scandale ». Avant d'obtenir cette autorisation, la famille du défunt devait remplir toute une série de formalités : demande au commissaire du quartier, enquête par le lieutenant de police, communication de la demande au procureur du roi, et, selon le bon plaisir de celui-ci, ordonnance favorable rendue par le préfet de police; ce qui faisait dire à Voltaire : « Les protestants qui vivent à Paris sont enterrés par ordre de la police. » Le lieu désigné primitivement pour ces inhumations était le chantier du Port-au-Plâtre, situé faubourg Saint-Antoine, au port de la Râpée. Quelques temps après, les étrangers habitant Paris furent autorisés à acquérir, non loin de la porte Saint-Martin, un terrain qui servit aux inhumations jusqu'en 1762, époque à laquelle un nouveau cimetière fut établi derrière l'hôpital Saint-Louis.

Lorsque la Révolution éclata, ce cimetière Saint-Louis était seul ouvert aux protestants; le Directoire du département de la Seine, pensant que la proclamation de la liberté des cultes par l'Assemblée nationale rendait inutile l'entretien d'un lieu spécial de sépulture pour ceux qui ne professaient pas la religion catholique, ordonna sa mise en vente au mois d'août 1792[1]. Une telle décision émut le conseil de l'Église; il s'adressa au Directoire, lui fit remarquer que, sans doute, les prêtres interdiraient les inhumations protestantes dans les cimetières consacrés et bénits. Cette démarche eut un résultat : la jouissance provisoire de l'ancien cimetière Saint-Louis nous fut laissée jusqu'à l'exécution de la loi sur les naissances et les décès, c'est-à-dire jusqu'au 1er janvier 1793. A partir de cette date, l'inhumation des protestants eut lieu dans le cimetière de la paroisse du décédé. Si le clergé soulevait une difficulté quelconque, formulait une protestation, le commissaire de police était requis, ordonnait l'ouverture du cimetière, constatait le fait, le portait à la con-

---

1. Réclamation du Consistoire. Archives du temple de l'Oratoire. Registre des délibérations : 18 septembre 1792, — 3 octobre 1792, — 6 février 1793, — 20 février 1793.

naissance de la commune, qui, selon l'expression du procureur syndic, « s'empressait de faire justice ».

III

Mais revenons aux vivants. Dès que le traité d'Utrecht eut été signé (1713) avec la Hollande, la chapelle de l'ambassade de cette puissance fut ouverte à nos coreligionnaires, qui vinrent en grand nombre y célébrer leur culte, faire bénir leurs mariages et baptiser leurs enfants. Le roi connut bientôt cette situation ; il donna l'ordre au lieutenant de police de jeter en prison « les nouveaux catholiques français qui assisteraient aux exercices de la religion protestante dans les ambassades[1] ». De nombreuses arrestations eurent lieu ; on ne distingua même pas entre régnicoles et étrangers. Il existe aux Archives nationales nombre de pièces constatant l'intervention des ambassades d'Angleterre et des Provinces-Unies pour obtenir la mise en liberté de protestants arrêtés et détenus au mépris du droit des gens.

Les ordonnances portant défense aux nouveaux catholiques qui n'ont pas encore fait abjuration d'aller aux prêches des ambassades se succèdent de 1719 à 1740[2] ; et, malgré ces menaces, les assemblées sont de plus en plus nombreuses. Un chapelain de Hollande, Marc Guiton, affirme que pour les contenir « il faudrait deux fois la Notre-Dame de Paris », et il écrit en 1720 :

Les chapelles des ambassades sont trop petites, on y voit aller tous les dimanches des gens qui n'avaient jamais osé y venir ; on a établi deux actions le dimanche, l'une qui se fait à sept heures, l'autre à onze heures

1. Ordre au lieutenant de police, avril 1713. Archives nationales, O 133, p. 127.
2. Ordonnances des 13 mars 1719, 19 juillet 1720, 6 mai 1722, 6 mars 1724, 9 janvier 1740. Archives nationales, O 63, p. 72 ; O 64, p. 11 ; O 64, p. 155 ; O 68, p. 111 ; O. 84, p. 21. Voici le texte de l'ordonnance du 13 mars 1719 : Sa Majesté estant informée que contre les dispositions de ses ordonnances les nouveaux convertis français viennent aux prêches des ambassadeurs d'Angleterre et de Hollande, a ordonné et ordonne que ceux de ses sujets qui y contreviendront soient arrêtés et conduits en prison, à tels jours et ainsi qu'il sera trouvé convenable. Mande sa Majesté au sieur de Machault, conseiller en ses conseils, maître des requêtes ordinaires de son hostel et lieutenant général de police, de tenir la main à l'exécution du présent ordre. »

du matin, afin de partager le peuple et d'empêcher l'éclat. On y prie
Dieu pour le Roi, et pour ceux qui sont à la tête du gouvernement, et
pour la prospérité de la France [1].

Preuve évidente de l'injustice et de la vanité des persécutions
religieuses ; lorsque les lois combattent les croyances, la force des
croyances est toujours victorieuse de la force des lois. Le gouvernement dut tolérer ce qu'il ne pouvait empêcher. A partir de 1766,
Louis XV permit aux réformés français d'aller chaque dimanche au
service divin de la chapelle de Hollande. Cependant il faisait surveiller
ceux qui s'y rendaient, il les traitait en suspects, les plaçant pour
ainsi dire sous la surveillance de la haute police. M. Bordier, dont
nous déplorons tous la perte, avait découvert aux archives de la
préfecture de police huit rapports rendant compte, en 1766, des
assemblées de culte et fournissant la liste des Français qui ne
craignaient pas d'étaler ainsi en plein jour leur attachement à une
religion proscrite et persécutée [2].

IV

Voltaire, ce grand défenseur des faibles et des opprimés, avait
pris en main la cause protestante ; grâce à ses efforts, grâce aux
généreuses démarches du ministre Malesherbes, de l'académicien
Rulhières, du général Lafayette, grâce aussi à l'intervention du par-
lement de Paris et malgré l'hostilité persévérante du clergé,
Louis XVI nous accordait enfin un état civil.

Les protestants de Paris pensèrent que cet édit de 1787 serait le
prélude des mesures de justice et d'humanité réclamées depuis si
longtemps. Ils s'empressèrent de mettre un pasteur à la tête de la
communauté et choisirent Paul-Henri Marron, l'ancien chapelain de
l'ambassade de Hollande.

Marron, qui était à Paris depuis le mois d'avril 1782, avait été
mis en disgrâce pour avoir protesté contre l'envahissement des
Provinces-Unies par une armée prussienne. Il accepta aussitôt les
propositions qui lui étaient faites par la communauté protestante et

1. *Bulletin*, III, 601.
2. *Bulletin*, XXXV, 545.

témoigna à Rabaut-Saint-Étienne, le fils du grand pasteur du désert, toute sa reconnaissance pour la sollicitude avec laquelle il avait présidé aux premières réunions du comité de l'Église renaissante.

Pouvait-on se réunir et célébrer le culte en commun? Telle est la question que l'on soumit au gouvernement dans un long mémoire adressé à M. de Villedeul, ministre de la maison du roi, et dans lequel on faisait remarquer toute l'inconséquence d'un système qui aboutirait à rendre l'état civil à trois millions de sujets qui en étaient privés pour leur croyance et à leur ôter l'état religieux auquel ils avaient, malgré les plus effroyables supplices, sacrifié l'état civil. La logique perdit ses droits; le lieutenant de police refusa l'autorisation qu'on sollicitait, d'ouvrir un lieu de culte, et répondit « qu'il existait à Paris plusieurs hôtels d'ambassadeurs où les protestants avaient la faculté de s'assembler[1] ».

Une telle fin de non-recevoir était opposée par le gouvernement, quelques mois avant l'ouverture des états généraux. Cette assemblée devait changer l'ancien ordre de choses; les idées les plus libérales avaient été formulées dans les cahiers du tiers état, et ce troisième ordre de la nation, le plus important de tous, qui, la veille, était sous la tutelle de la noblesse et du clergé, allait devenir l'arbitre et le maître des destinées de la France.

Dès que les députés furent réunis à Versailles, sans même demander une autorisation formelle, la communauté protestante se procura un local et inaugura le culte en commun.

Elle savait qu'en face de ce mouvement bienfaisant qui avait entraîné toutes les provinces, le pouvoir royal n'oserait pas ordonner la fermeture de cette maison de prières.

Le 7 juin 1789, le pasteur Marron monta en chaire et annonça la parole du Christ dans une salle située rue Mondétour (aujourd'hui rue Turbigo), vis-à-vis la rue du Cygne, à côté de la grille du cloître Saint-Jacques. Ce local servait d'ordinaire à des repas de noces[2]; aussi, quelques fidèles, offusqués d'entendre chanter des psaumes dans un lieu où, la veille peut-être, on avait entonné des couplets bachiques, demandèrent qu'on fît choix d'un autre lieu de réunion.

---

1. Manuscrits. — *Collection Coquerel*, t. XXVI, p. 167 et suivantes. — Bibliothèque du Protestantisme français.

2. Manuscrits. — *Collection Coquerel*, t. XXVI, p. 199.

Rabaut-Saint-Étienne fut consulté. Connaissant la haine que nombre de ses collègues à l'Assemblée nationale conservaient encore contre les huguenots, il conseilla la prudence et adressa au pasteur Marron cette intéressante lettre que M. Charles Frossard conserve précieusement dans sa belle collection :

Ce n'a pas été sans un petit mouvement d'alarme que j'ai appris la pensée de quelques-uns de nos amis pour le choix d'un lieu convenable à notre Société. Celui auquel ils ont pensé est assurément très favorable ; mais pour une espèce de début, il me paraît beaucoup trop apparent... Je pense d'ailleurs que les amis de Paris doivent, moins que les autres, se mettre en ostentation avant d'avoir obtenu ce que tous ensemble désirent. Ce serait fournir aux malveillants un prétexte d'accuser d'ambition la Société entière, et un moyen de porter dans l'Assemblée nationale de mauvaises impressions, dont les amis de Paris se ressentiraient les premiers. Je vous prie donc de faire qu'on renvoye cette idée à un autre temps [1].

Cependant, au mois de février 1790, le culte était célébré rue Dauphine, dans l'ancienne salle des Enfants d'Apollon, que Court de Gébelin avait transformée en musée.

Les autorités de Paris se montrant de plus en plus favorables aux opprimés de la veille, le consistoire prenait à bail l'ancienne église Saint-Louis, située dans la cour du Louvre, à la place occupée aujourd'hui par le pavillon Mollien. La dédicace solennelle de ce temple eut lieu le 22 mai 1791. Dans un beau mouvement d'éloquence, le pasteur Marron, faisant allusion à la mort récente de Mirabeau, s'exprima ainsi [2]:

Il est remarquable, ce lieu qui nous réunit sous les auspices du Très-Haut, sous la protection d'un gouvernement réparateur ! Ah ! si l'orateur, dont la patrie déplore la perte récente, dit un jour à cette tribune, qui s'enorgueillissait de son talent et où il tonnait contre l'intolérance [3] : « J'aperçois de cette tribune le balcon funeste d'où un roi, égaré par de perfides conseils, lançait le plomb meurtrier dans le sein

1. Lettre de Rabaut-Saint-Étienne à Marron, du 11 octobre 1789.
2. Almanach des Protestants pour 1800, p. 255 à 261.
3. Voyez : Discours de Mirabeau à la séance de l'Assemblée nationale du 13 avril 1790.

de ses sujets », à cette place où je me vois élevé, suis-je moins en droit que lui de faire valoir cette considération? Quelle faible distance nous sépare encore ici de ce guichet fatal où, traîné par des barbares assassins, tu expiras sous leurs coups, ô toi, la première victime de cette nuit désastreuse, respectable Coligny, le plus brave et le plus infortuné des héros de ton siècle !

A la veille de l'inauguration du monument élevé à la mémoire de ce grand homme, nous ne pouvons résister au désir de rapprocher des paroles du pasteur Marron cette belle pensée de Montesquieu qui doit être gravée sur le socle de la statue :

« L'AMIRAL COLIGNY FUT ASSASSINÉ
N'AYANT DANS LE CŒUR QUE LA GLOIRE DE L'ÉTAT[1]. »

Ces temps heureux ne devaient pas être de longue durée. A la persécution royale devait bientôt succéder la persécution jacobine. La Commune de Paris interdisait le culte chrétien du dimanche et obligeait à célébrer les fêtes du *décadi*. Marron était dénoncé, arrêté, et allait comparaître devant le Tribunal révolutionnaire, quand Robespierre monta sur l'échafaud, condamné par ceux qui, la veille, étaient ses admirateurs et ses esclaves.

Vous connaissez, Messieurs, la suite des destinées de l'Église Réformée de Paris. Vous savez qu'en 1811, lors de l'agrandissement du Louvre, l'église Saint-Louis fut démolie et qu'on nous donna en échange l'*Oratoire* où nous célébrons aujourd'hui ce centenaire.

Je n'insisterai pas sur la période postérieure au Concordat. Je me bornerai à vous indiquer l'arrêté des consuls qui mit à la disposition des protestants réformés trois lieux de culte : Saint-Louis, Sainte-Marie, et Pentemont. Je signalerai aussi un exemple frappant des lenteurs de la procédure administrative : Pentemont est concédé en 1802, et c'est en 1846 seulement, au bout de quarante-quatre ans, qu'on pouvait enfin y célébrer le culte, grâce à la haute et bienveillante intervention de M. Guizot.

Nous venons d'assister à la reconstitution de l'Église Réformée de

1. *Œuvres complètes de Montesquieu.* Édition Didot, in-8°, 1862, p. 624. — Voyez *Bulletin*, XXXVIII, 55.

Paris; elle célèbre d'abord son culte en secret, reçoit ensuite l'hospitalité des ambassades étrangères, profite enfin du grand mouvement libéral de 1789 pour réunir les membres de la communauté et reprendre peu à peu cette organisation que les persécutions les plus longues n'étaient pas parvenues à briser complétement.

Depuis le Concordat et les Articles organiques, elle est unie à l'État. Elle se fortifie et grandit. Elle a aujourd'hui dix-huit lieux de culte, à la tête desquels se trouvent douze pasteurs titulaires et dix pasteurs auxiliaires. Les œuvres de bienfaisance qu'elle a créées et qu'elle soutient sont innombrables, et provoquent l'admiration des catholiques eux-mêmes[1].

Quand, dans l'espace d'un siècle, une Église a parcouru une semblable carrière, elle a le droit d'être fière de l'humilité de ses débuts, et, regardant l'avenir avec confiance, elle peut dire, qu'avec l'aide de Dieu, elle accomplira encore de grandes choses.

1. Voyez : Maxime du Camp, la Charité à Paris. Les Associations protestantes (*Revue des Deux Mondes*, 1er juin, 15 juillet 1887).

Imprimeries réunies, B rue Mignon, 2

www.ingramcontent.com/pod-product-compliance
Lightning Source LLC
Chambersburg PA
CBHW071650030726
47598CB00005B/2067